My Recipe Book
A Blank Recipe Book
for My Favorite Recipes

*Copyright: Published in the United States by Daisy Z.
Published August, 2016*

All rights reserved. No part of this publication may be reproduced, stored in retrieval system, copied in any form or by any means, electronic, mechanical, photocopying, recording or otherwise transmitted without written permission from the publisher. Please do not participate in or encourage piracy of this material in any way. You must not circulate this book in any format. Daisy Z. does not control or direct users' actions and is not responsible for the information or content shared, harm and/or actions of the book readers.

ISBN-13: 978-1536885729

ISBN-10: 153688572X

Recipe :

Serves :   Pepp Time :   Cook Time :

Ingredients :

Method :

Notes :

Recipe :

Serves :   Pepp Time :   Cook Time :

Ingredients :

Method :

Notes :

Recipe :

Serves :   Pepp Time :   Cook Time :

Ingredients :

Method :

Notes :

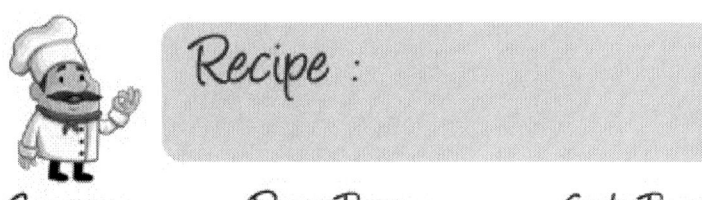

Recipe :

Serves :   Pepp Time :   Cook Time :

Ingredients :

Method :

Notes :

Recipe :

Serves :   Pepp Time :   Cook Time :

Ingredients :

Method :

Notes :

Recipe :

Serves : Pepp Time : Cook Time :

Ingredients :

Method :

Notes :

Recipe :

Serves :   Pepp Time :   Cook Time :

Ingredients :

Method :

Notes :

Recipe :

Serves : **Pepp Time :** **Cook Time :**

Ingredients :

Method :

Notes :

Recipe :

Serves :   Pepp Time :   Cook Time :

Ingredients :

Method :

Notes :

Recipe :

Serves :   Pepp Time :   Cook Time :

Ingredients :

Method :

Notes :

Recipe :

Serves :   Pepp Time :   Cook Time :

Ingredients :

Method :

Notes :

Recipe :

Serves :   Pepp Time :   Cook Time :

Ingredients :

Method :

Notes :

Recipe :

Serves :   Pepp Time :   Cook Time :

Ingredients :

Method :

Notes :

Recipe :

Serves :   Pepp Time :   Cook Time :

Ingredients :

Method :

Notes :

Recipe :

Serves :   Pepp Time :   Cook Time :

Ingredients :

Method :

Notes :

Recipe :

Serves : Pepp Time : Cook Time :

Ingredients :

Method :

Notes :

Recipe :

Serves :   Pepp Time :   Cook Time :

Ingredients :

Method :

Notes :

Recipe :

Serves :   Pepp Time :   Cook Time :

Ingredients :

Method :

Notes :

Recipe :

Serves :   Pepp Time :   Cook Time :

Ingredients :

Method :

Notes :

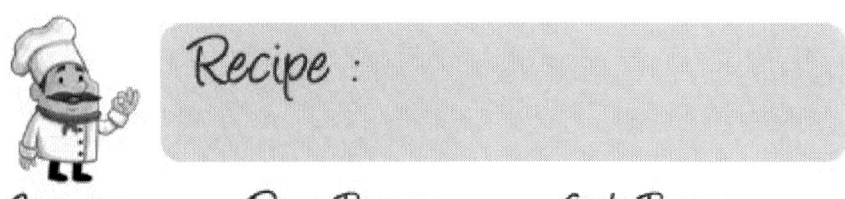

Recipe :

Serves :   Pepp Time :   Cook Time :

Ingredients :

Method :

Notes :

Recipe :

Serves :   Pepp Time :   Cook Time :

Ingredients :

Method :

Notes :

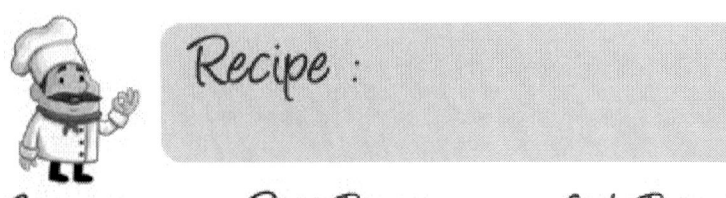

Recipe :

Serves :   Pepp Time :   Cook Time :

Ingredients :

Method :

Notes :

Recipe :

Serves :   Pepp Time :   Cook Time :

Ingredients :

Method :

Notes :

Recipe :

Serves :   Pepp Time :   Cook Time :

Ingredients :

Method :

Notes :

Recipe :

Serves :   Pepp Time :   Cook Time :

Ingredients :

Method :

Notes :

Recipe :

Serves :   Pepp Time :   Cook Time :

Ingredients :

Method :

Notes :

Recipe :

Serves :   Pepp Time :   Cook Time :

Ingredients :

Method :

Notes :

Recipe :

Serves :   Pepp Time :   Cook Time :

Ingredients :

Method :

Notes :

Recipe :

Serves :   Pepp Time :   Cook Time :

Ingredients :

Method :

Notes :

Recipe :

Serves :   Pepp Time :   Cook Time :

Ingredients :

Method :

Notes :

Recipe :

Serves :   Pepp Time :   Cook Time :

Ingredients :

Method :

Notes :

Recipe :

Serves :   Pepp Time :   Cook Time :

Ingredients :

Method :

Notes :

Recipe :

Serves :   Pepp Time :   Cook Time :

Ingredients :

Method :

Notes :

Recipe :

Serves :   Pepp Time :   Cook Time :

Ingredients :

Method :

Notes :

Recipe :

Serves :   Pepp Time :   Cook Time :

Ingredients :

Method :

Notes :

Recipe :

Serves : **Pepp Time :** **Cook Time :**

Ingredients :

Method :

Notes :

Recipe :

Serves :   Pepp Time :   Cook Time :

Ingredients :

Method :

Notes :

Recipe :

Serves :   Pepp Time :   Cook Time :

Ingredients :

Method :

Notes :

Recipe :

Serves :   Pepp Time :   Cook Time :

Ingredients :

Method :

Notes :

Recipe :

Serves :   Pepp Time :   Cook Time :

Ingredients :

Method :

Notes :

Recipe :

Serves :   Pepp Time :   Cook Time :

Ingredients :

Method :

Notes :

Recipe :

Serves : Pepp Time : Cook Time :

Ingredients :

Method :

Notes :

Recipe :

Serves :   Pepp Time :   Cook Time :

Ingredients :

Method :

Notes :

Recipe :

Serves :   Pepp Time :   Cook Time :

Ingredients :

Method :

Notes :

Recipe :

Serves :   Pepp Time :   Cook Time :

Ingredients :

Method :

Notes :

Recipe :

Serves :   Pepp Time :   Cook Time :

Ingredients :

Method :

Notes :

Recipe :

Serves :   Pepp Time :   Cook Time :

Ingredients :

Method :

Notes :

Recipe :

Serves :   Pepp Time :   Cook Time :

Ingredients :

Method :

Notes :

Recipe :

Serves :   Pepp Time :   Cook Time :

Ingredients :

Method :

Notes :

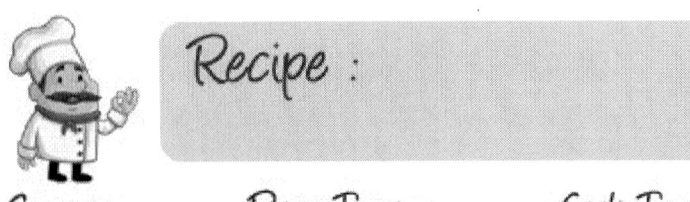

Recipe :

Serves :   Pepp Time :   Cook Time :

Ingredients :

Method :

Notes :

Recipe :

Serves :   Pepp Time :   Cook Time :

Ingredients :

Method :

Notes :

Recipe :

Serves :   Pepp Time :   Cook Time :

Ingredients :

Method :

Notes :

Recipe :

Serves :	Pepp Time :	Cook Time :

Ingredients :

Method :

Notes :

Recipe :

Serves :   Pepp Time :   Cook Time :

Ingredients :

Method :

Notes :

Recipe :

Serves :   Pepp Time :   Cook Time :

Ingredients :

Method :

Notes :

Recipe :

Serves :   Pepp Time :   Cook Time :

Ingredients :

Method :

Notes :

Recipe :

Serves :   Pepp Time :   Cook Time :

Ingredients :

Method :

Notes :

Recipe :

Serves :   Pepp Time :   Cook Time :

Ingredients :

Method :

Notes :

Recipe :

Serves :   Pepp Time :   Cook Time :

Ingredients :

Method :

Notes :

Recipe :

Serves :   Pepp Time :   Cook Time :

Ingredients :

Method :

Notes :

Recipe :

Serves :   Pepp Time :   Cook Time :

Ingredients :

Method :

Notes :

Recipe :

Serves :   Pepp Time :   Cook Time :

Ingredients :

Method :

Notes :

Recipe :

Serves :   Pepp Time :   Cook Time :

Ingredients :

Method :

Notes :

Recipe :

Serves :   Pepp Time :   Cook Time :

Ingredients :

Method :

Notes :

Recipe :

Serves :   Pepp Time :   Cook Time :

Ingredients :

Method :

Notes :

Recipe :

Serves :   Pepp Time :   Cook Time :

Ingredients :

Method :

Notes :

Recipe :

Serves :   Pepp Time :   Cook Time :

Ingredients :

Method :

Notes :

Recipe :

Serves :   **Pepp Time :**   **Cook Time :**

Ingredients :

Method :

Notes :

Recipe :

Serves :   Pepp Time :   Cook Time :

Ingredients :

Method :

Notes :

Recipe :

Serves :   Pepp Time :   Cook Time :

Ingredients :

Method :

Notes :

Recipe :

Serves :   Pepp Time :   Cook Time :

Ingredients :

Method :

Notes :

Recipe :

Serves :   Pepp Time :   Cook Time :

Ingredients :

Method :

Notes :

Recipe :

Serves :   Pepp Time :   Cook Time :

Ingredients :

Method :

Notes :

Recipe :

Serves :   Pepp Time :   Cook Time :

Ingredients :

Method :

Notes :

Recipe :

Serves :   Pepp Time :   Cook Time :

Ingredients :

Method :

Notes :

Recipe :

Serves :   Pepp Time :   Cook Time :

Ingredients :

Method :

Notes :

Recipe :

Serves :   Pepp Time :   Cook Time :

Ingredients :

Method :

Notes :

Recipe :

Serves :   Pepp Time :   Cook Time :

Ingredients :

Method :

Notes :

Recipe :

Serves :   Pepp Time :   Cook Time :

Ingredients :

_____
_____
_____
_____

Method :

_____
_____
_____
_____
_____
_____
_____

Notes :

Recipe :

Serves :   Pepp Time :   Cook Time :

Ingredients :

Method :

Notes :

Recipe :

Serves :   Pepp Time :   Cook Time :

Ingredients :

Method :

Notes :

Recipe :

Serves :   Pepp Time :   Cook Time :

Ingredients :

Method :

Notes :

Recipe :

Serves :   Pepp Time :   Cook Time :

Ingredients :

Method :

Notes :

Recipe :

Serves :   Pepp Time :   Cook Time :

Ingredients :

Method :

Notes :

Recipe :

Serves :   Pepp Time :   Cook Time :

Ingredients :

Method :

Notes :

Recipe :

Serves :   Pepp Time :   Cook Time :

Ingredients :

Method :

Notes :

Recipe :

Serves :   Pepp Time :   Cook Time :

Ingredients :

Method :

Notes :

Recipe :

Serves :   Pepp Time :   Cook Time :

Ingredients :

Method :

Notes :

Recipe :

Serves :   Pepp Time :   Cook Time :

Ingredients :

Method :

Notes :

Recipe :

Serves :   Pepp Time :   Cook Time :

Ingredients :

Method :

Notes :

Recipe :

Serves :   Pepp Time :   Cook Time :

Ingredients :

Method :

Notes :

Recipe :

Serves :   Pepp Time :   Cook Time :

Ingredients :

Method :

Notes :

Recipe :

Serves :   Pepp Time :   Cook Time :

Ingredients :

Method :

Notes :

Recipe :

Serves :   **Pepp Time :**   **Cook Time :**

Ingredients :

Method :

Notes :

Recipe :

Serves :   Pepp Time :   Cook Time :

Ingredients :

Method :

Notes :

Recipe :

Serves :   Pepp Time :   Cook Time :

Ingredients :

Method :

Notes :

Recipe :

Serves : Pepp Time : Cook Time :

Ingredients :

Method :

Notes :

Recipe :

Serves :   Pepp Time :   Cook Time :

Ingredients :

Method :

Notes :

Recipe:

Serves: Pepp Time: Cook Time:

Ingredients:

Method:

Notes:

Recipe :

Serves :   Pepp Time :   Cook Time :

Ingredients :

Method :

Notes :

Recipe :

Serves :   Pepp Time :   Cook Time :

Ingredients :

Method :

Notes :

Thank you

Printed in Great Britain
by Amazon